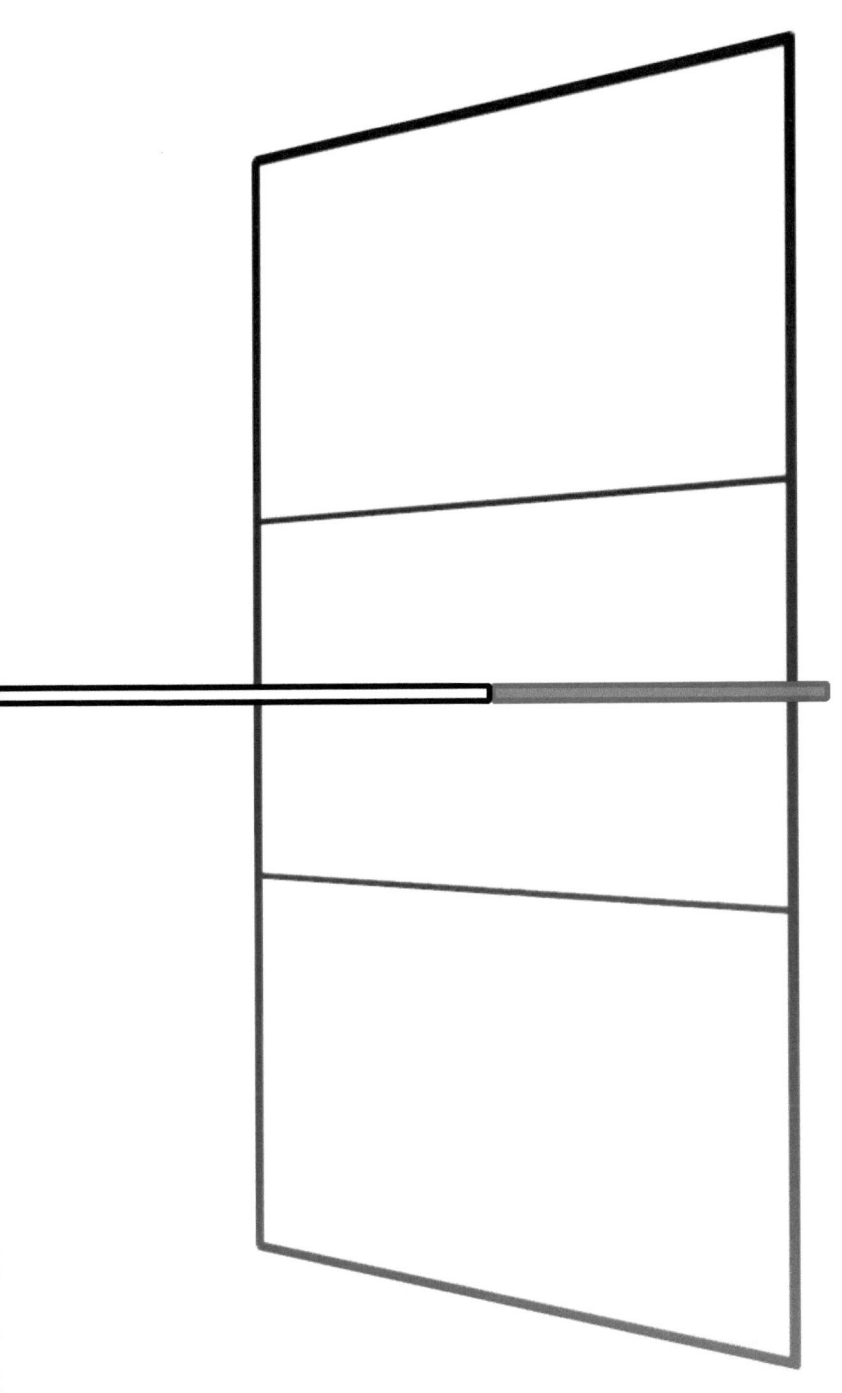

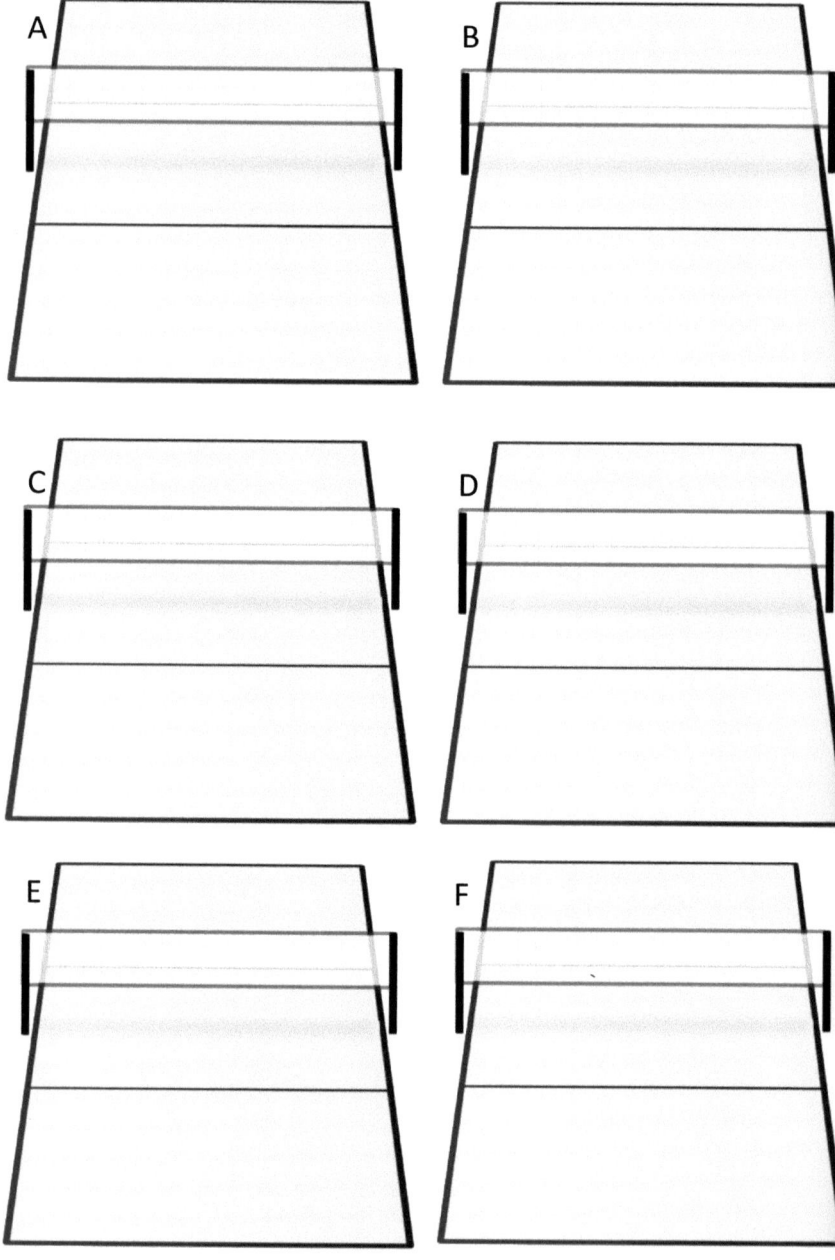

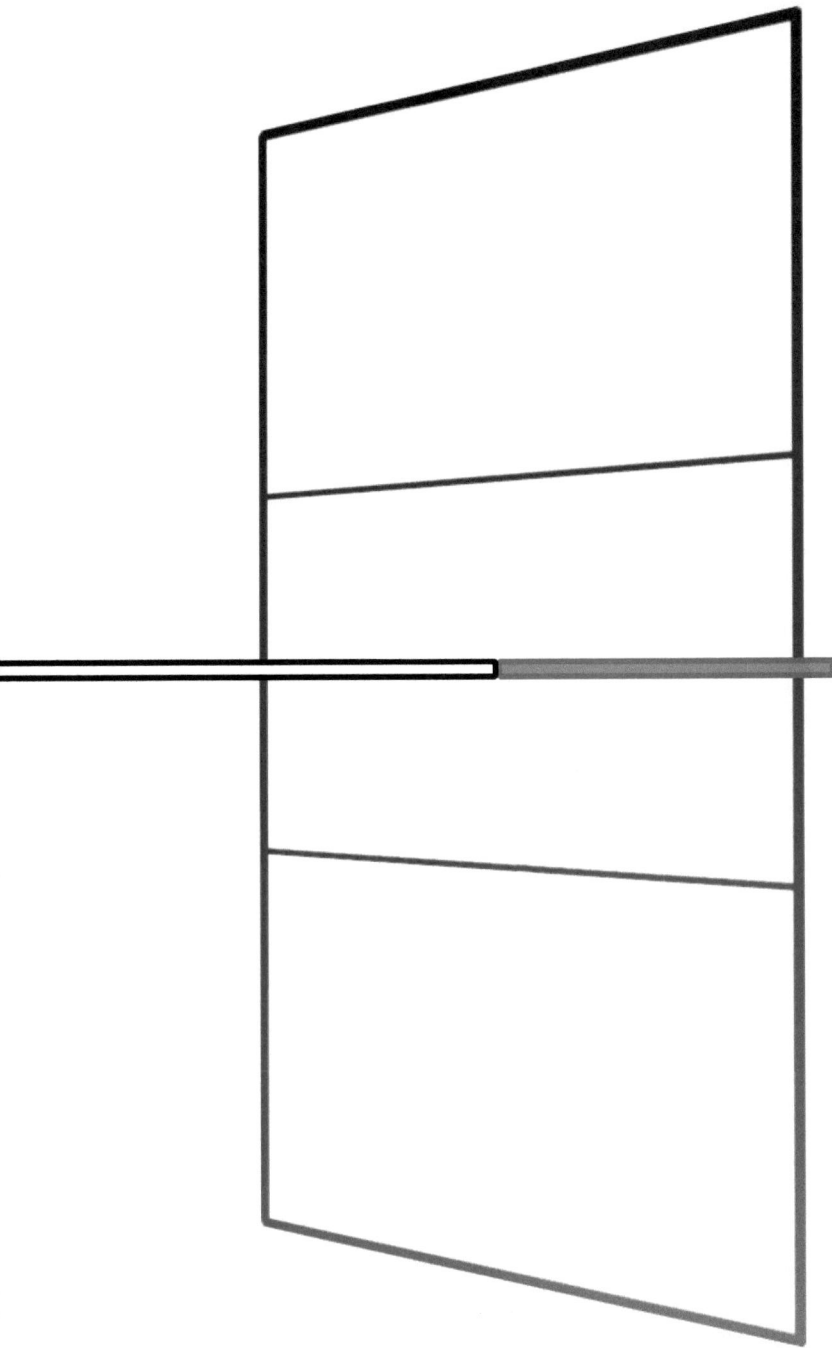

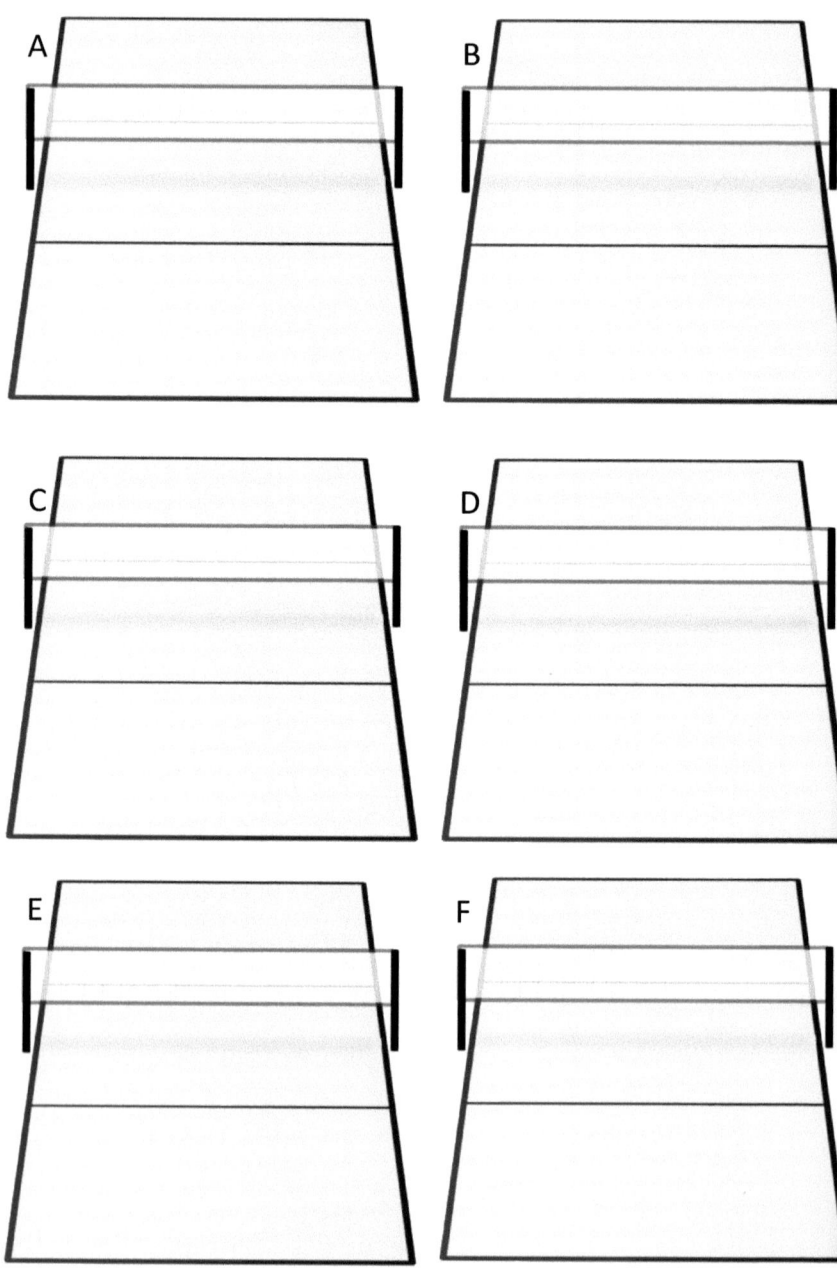

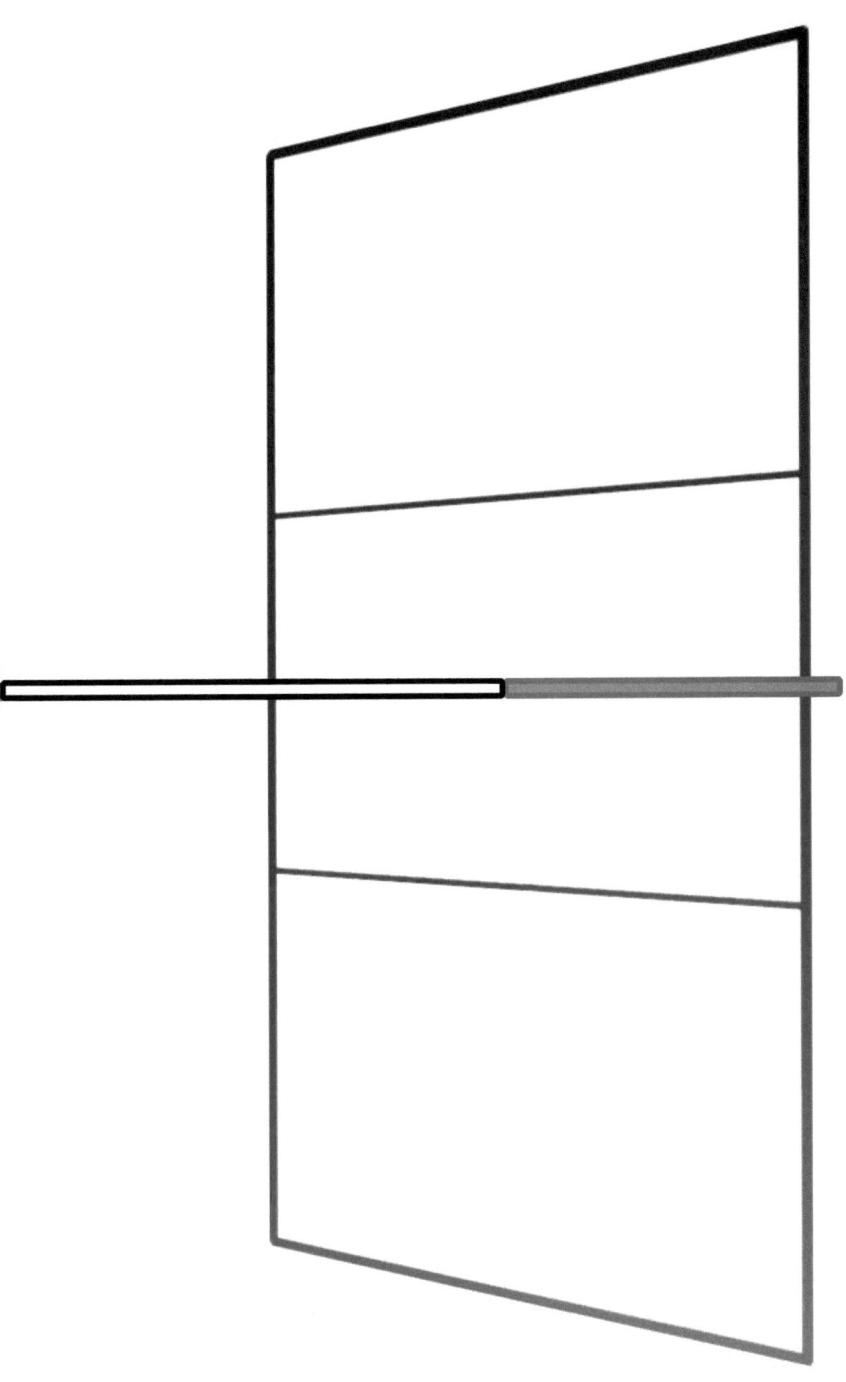

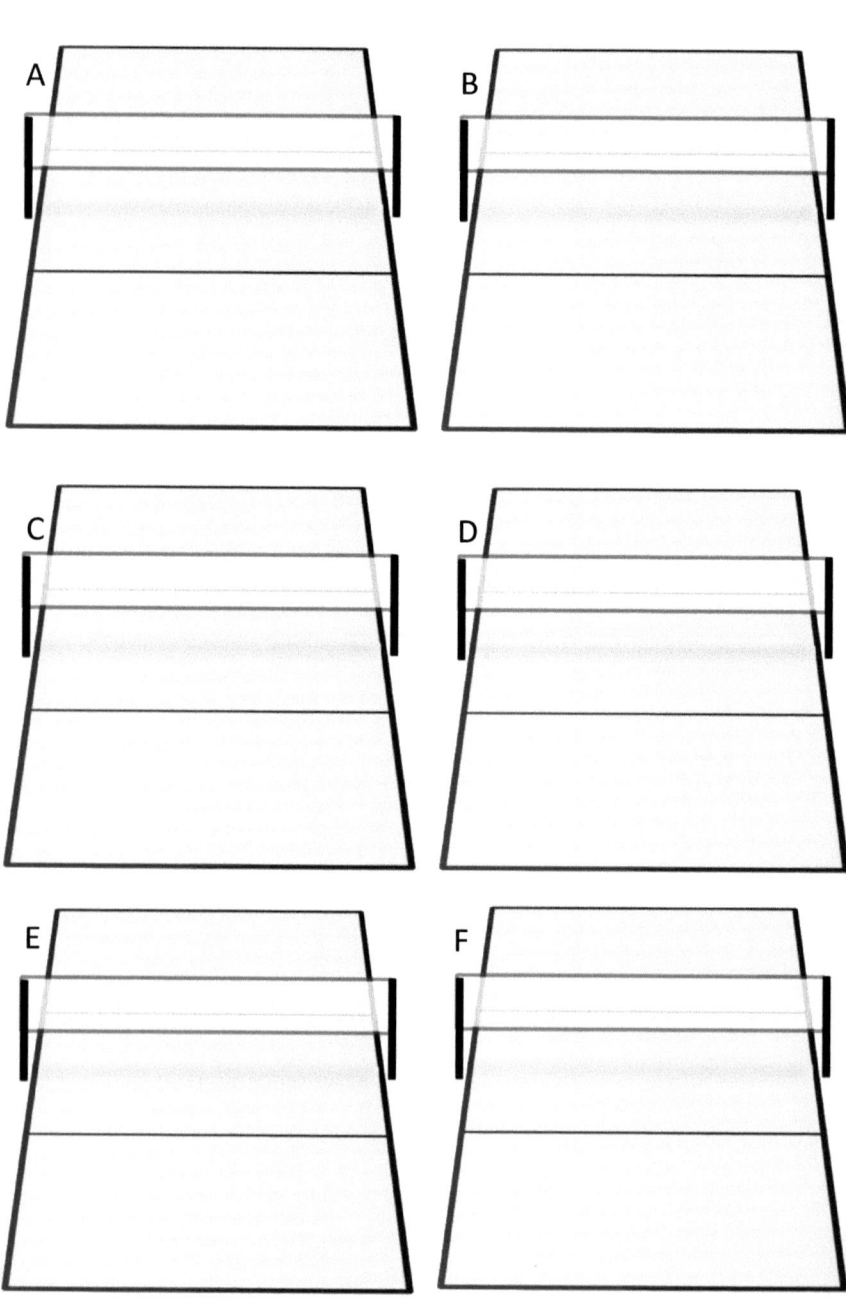

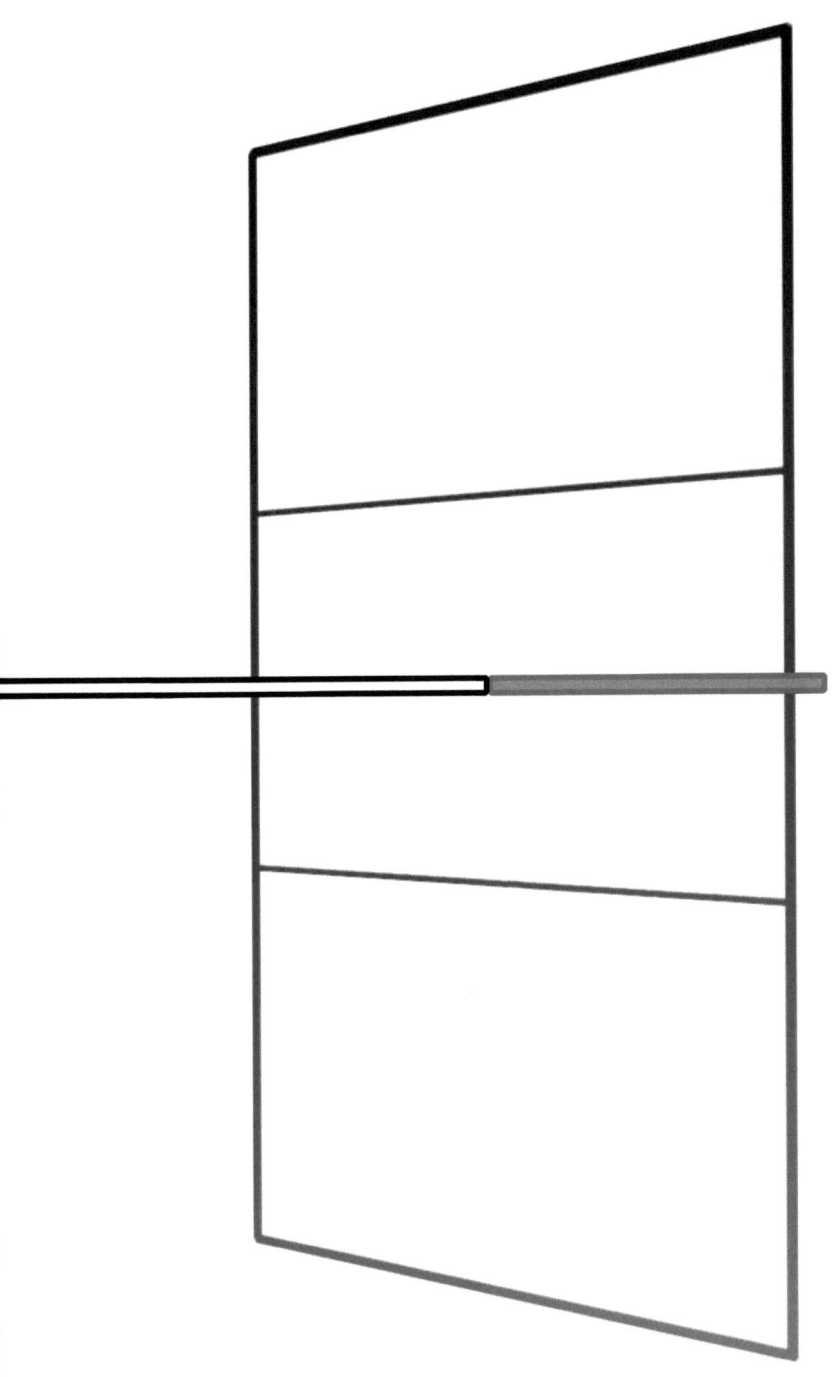

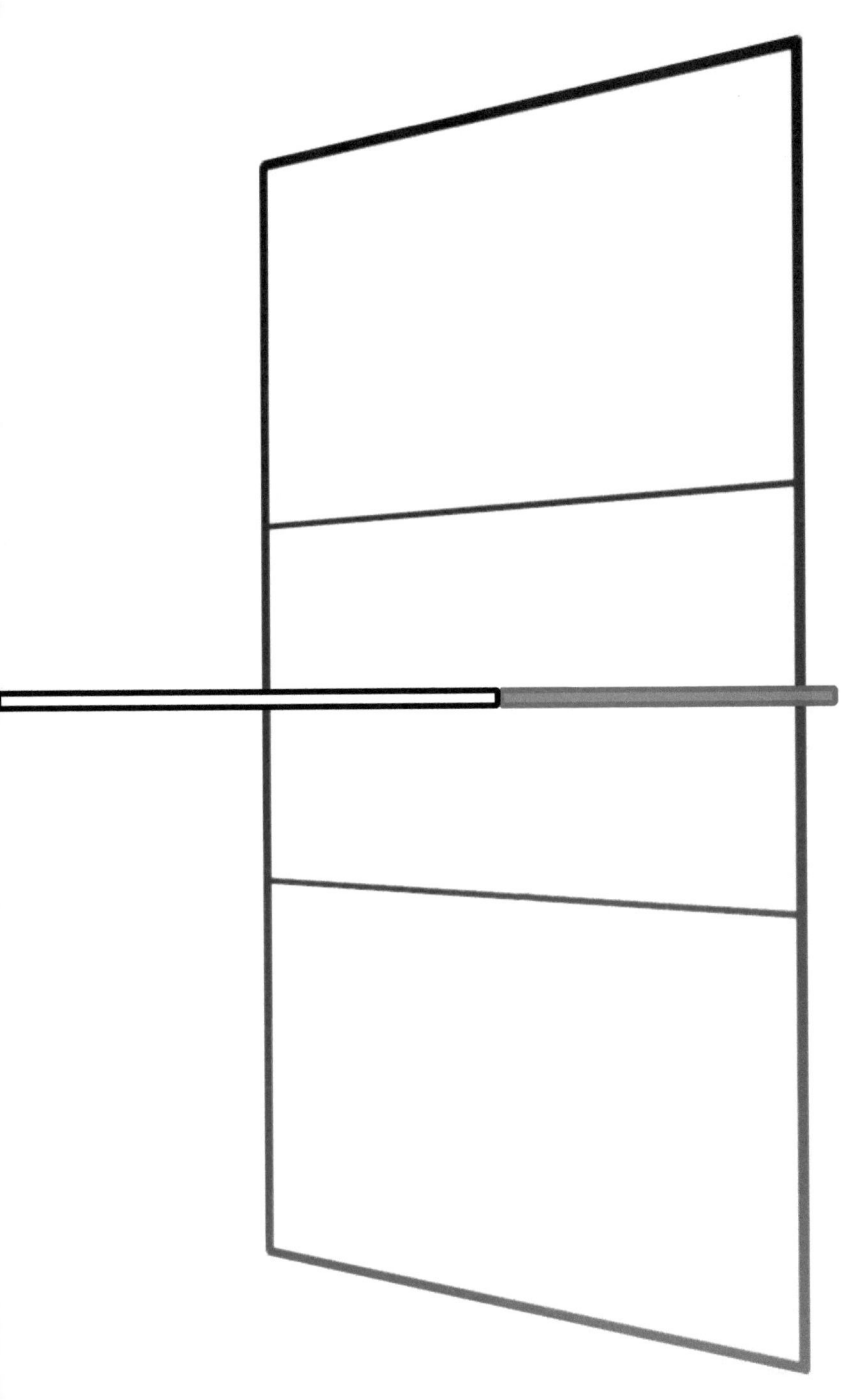

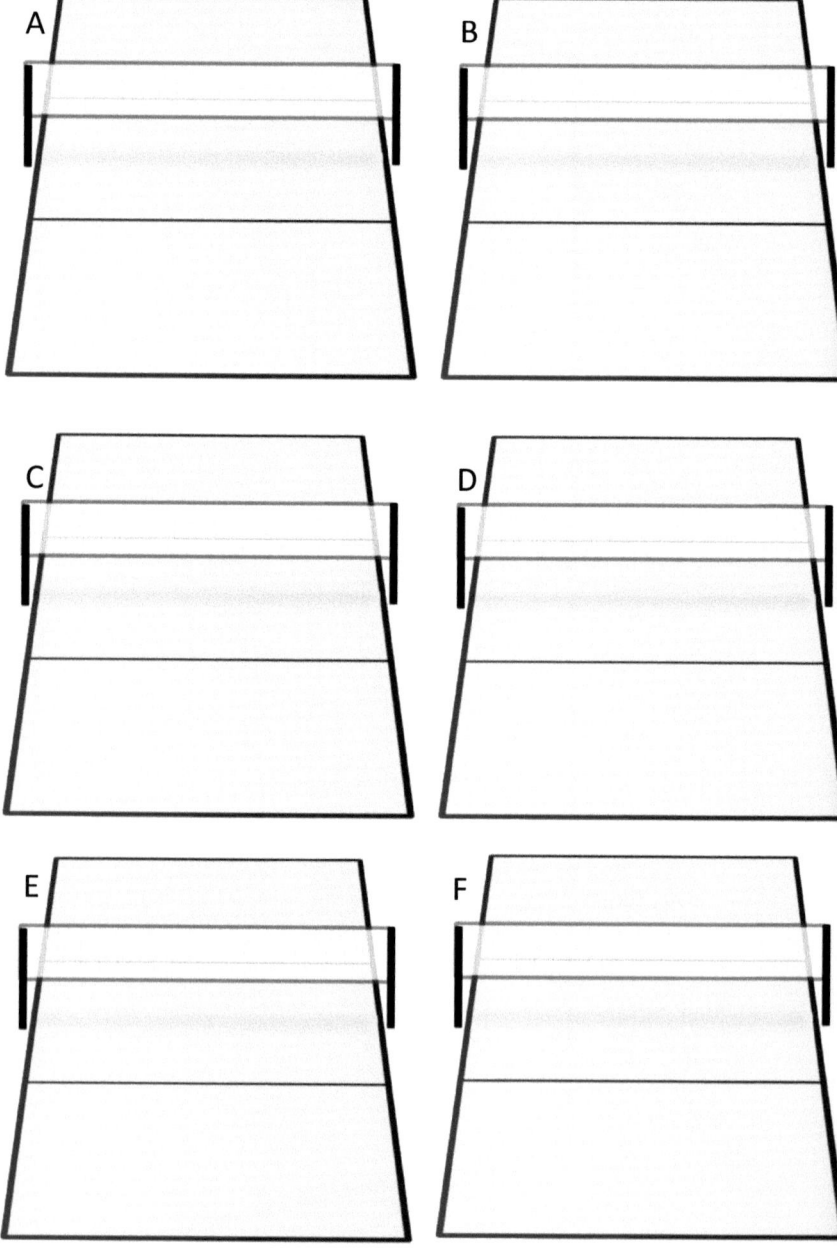

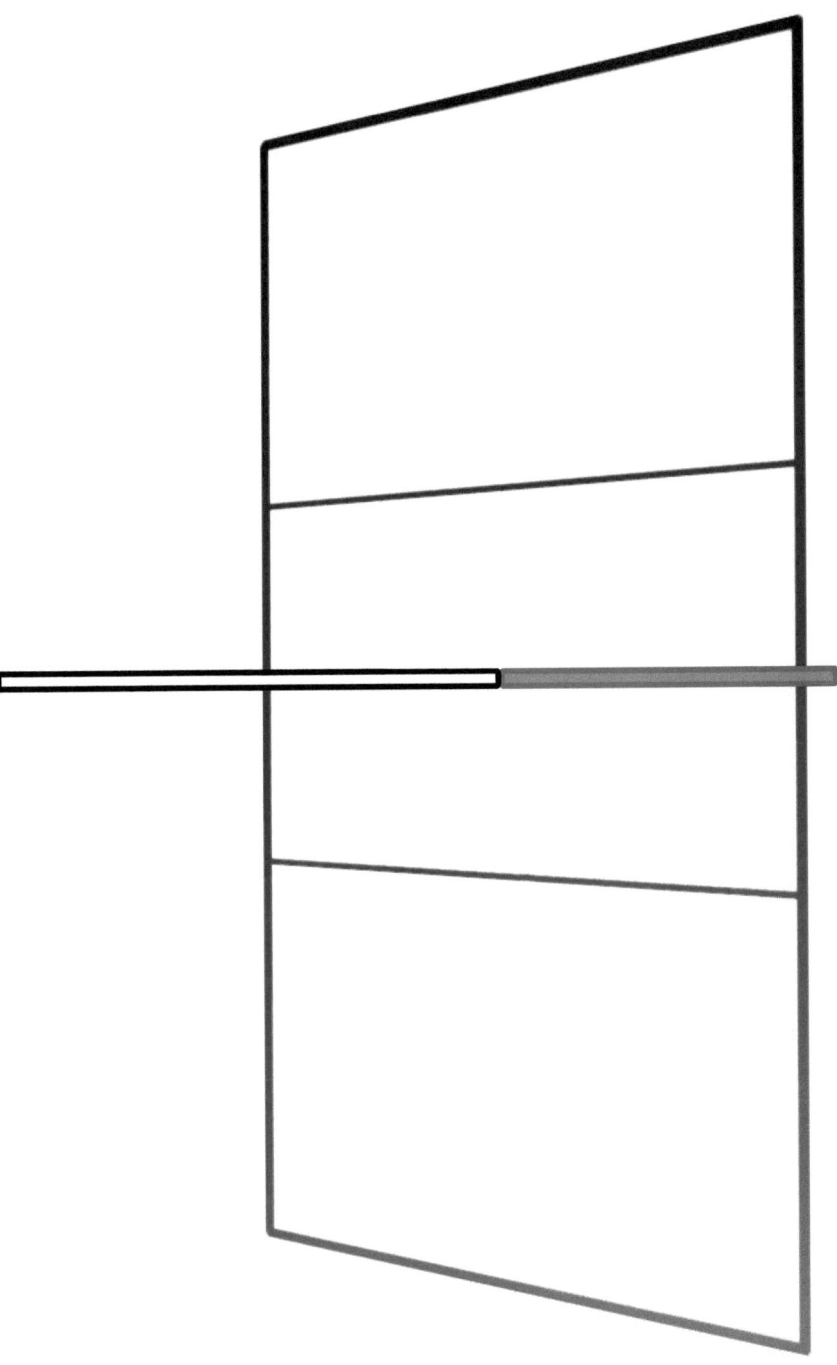

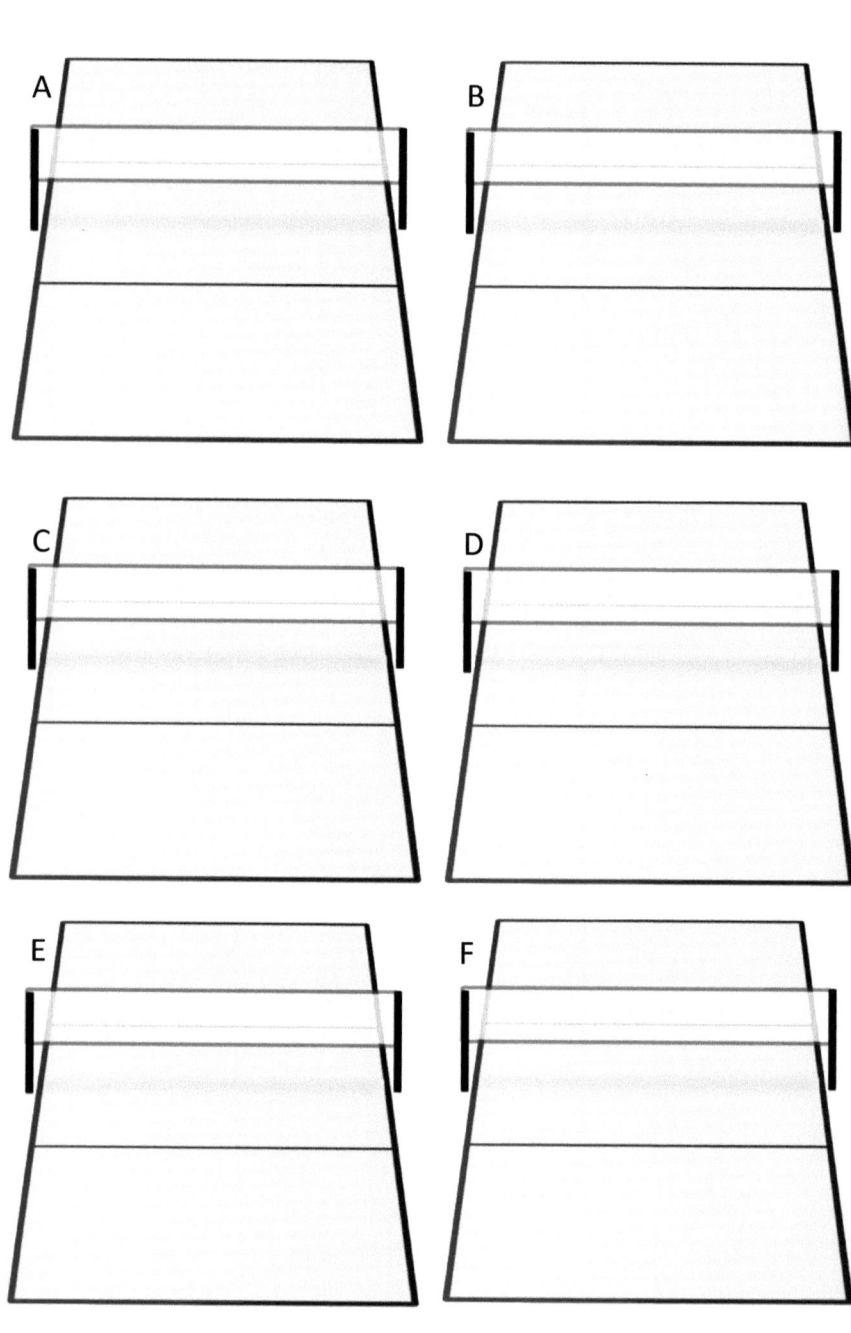

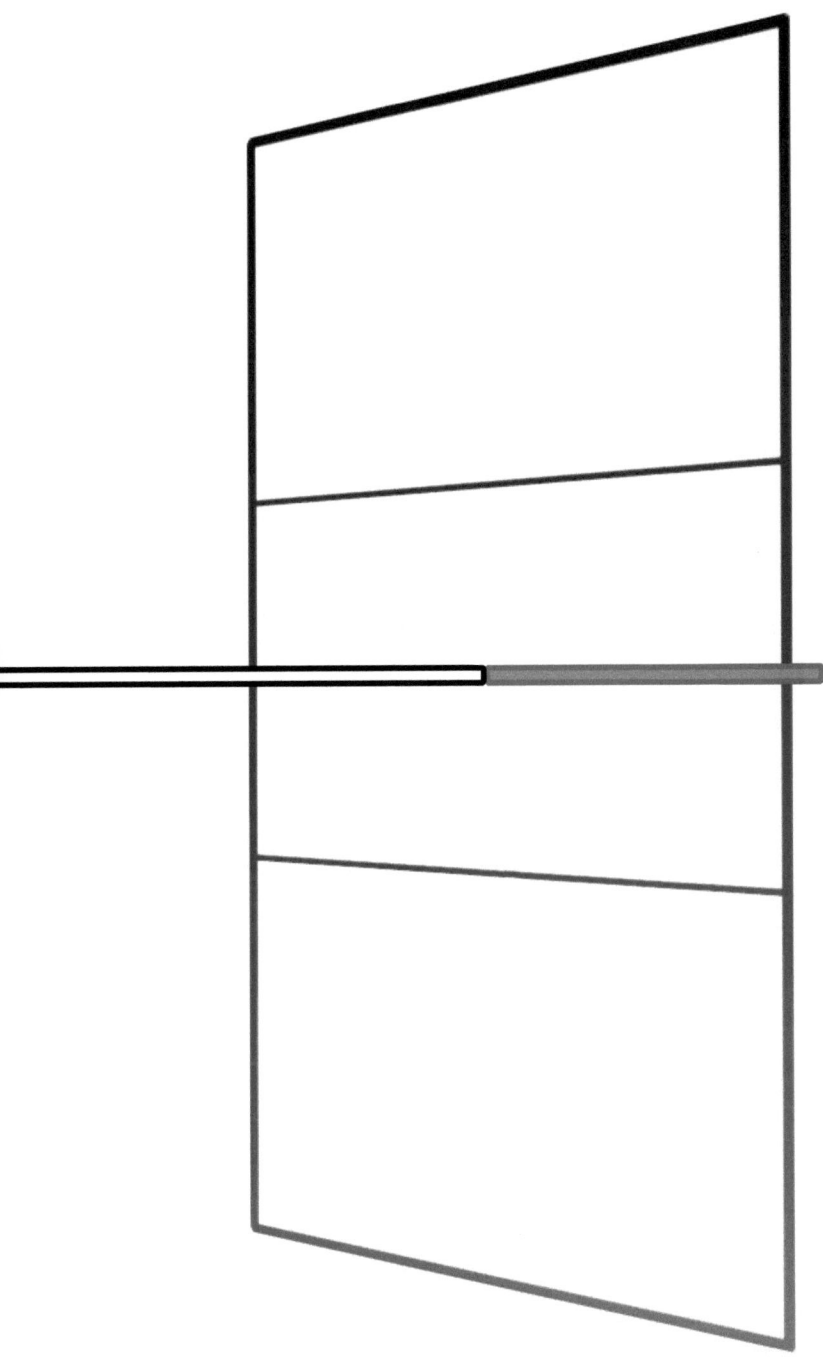

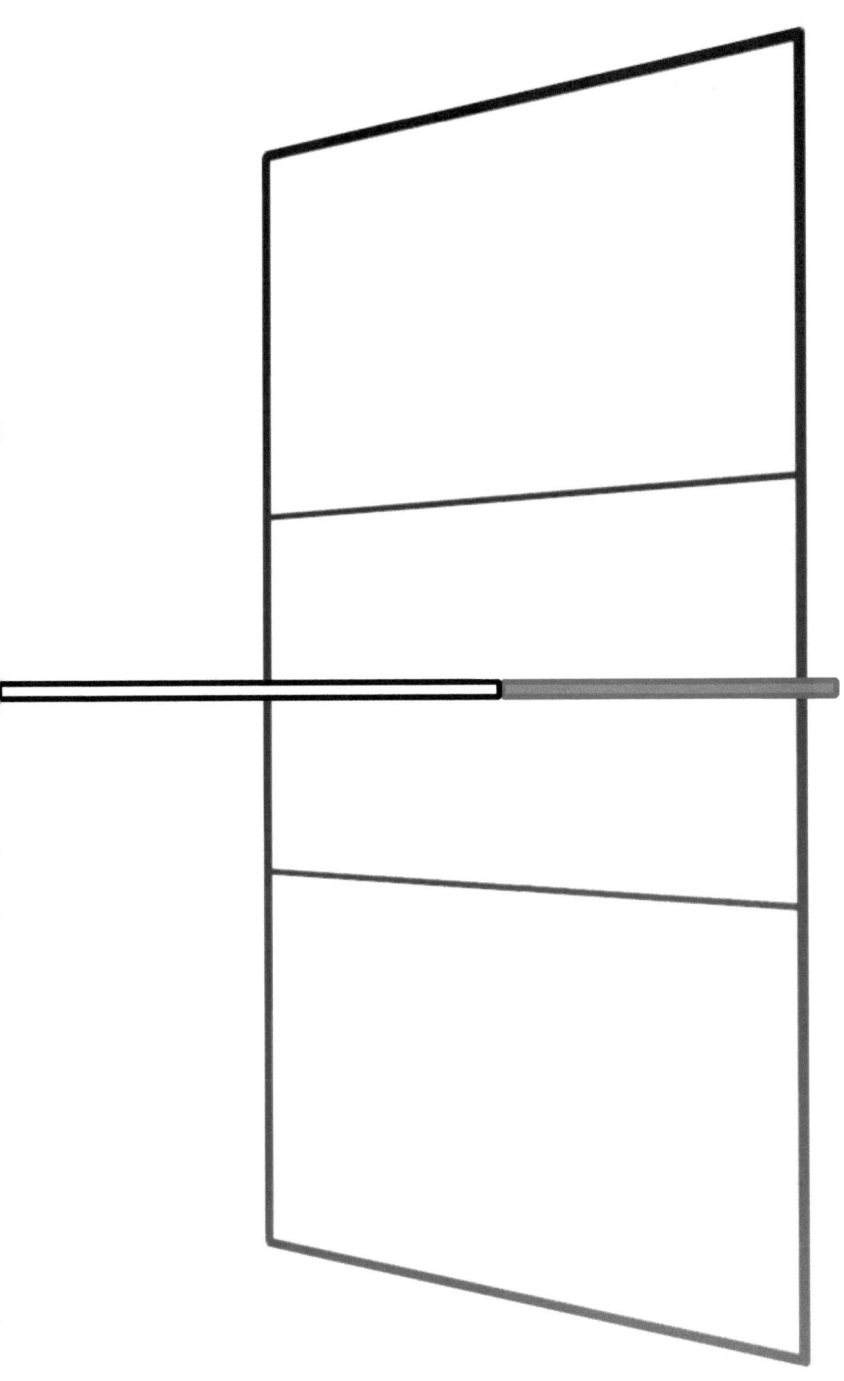

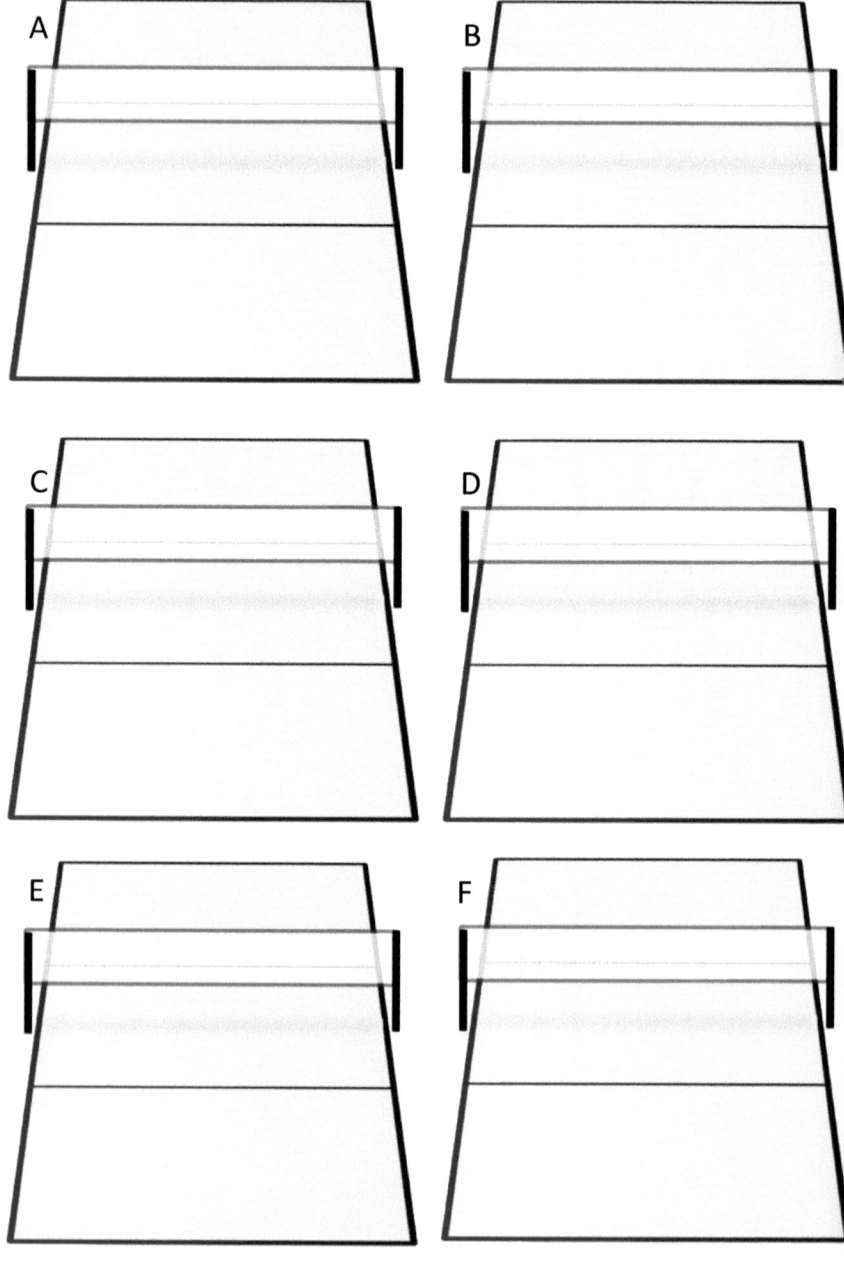

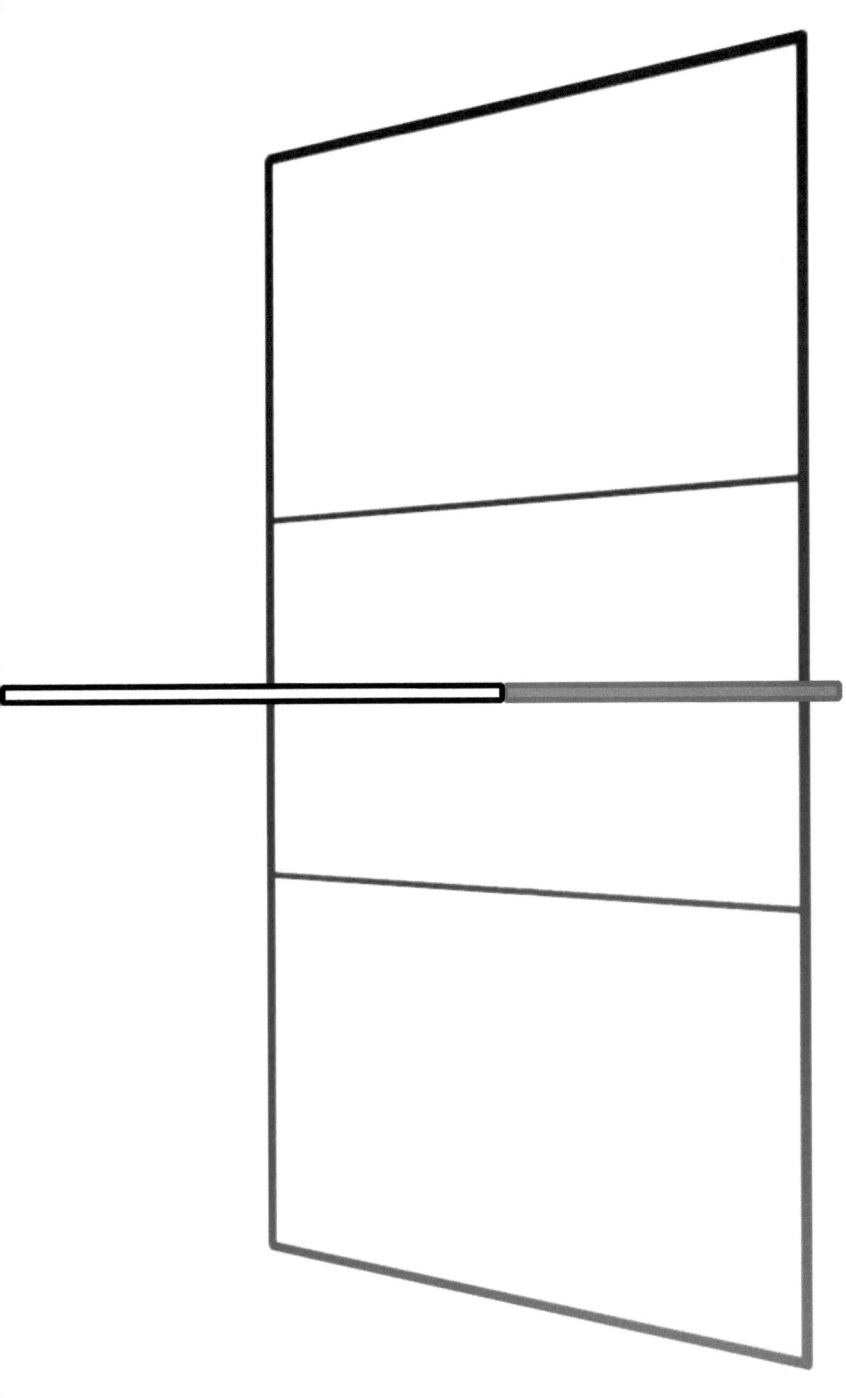

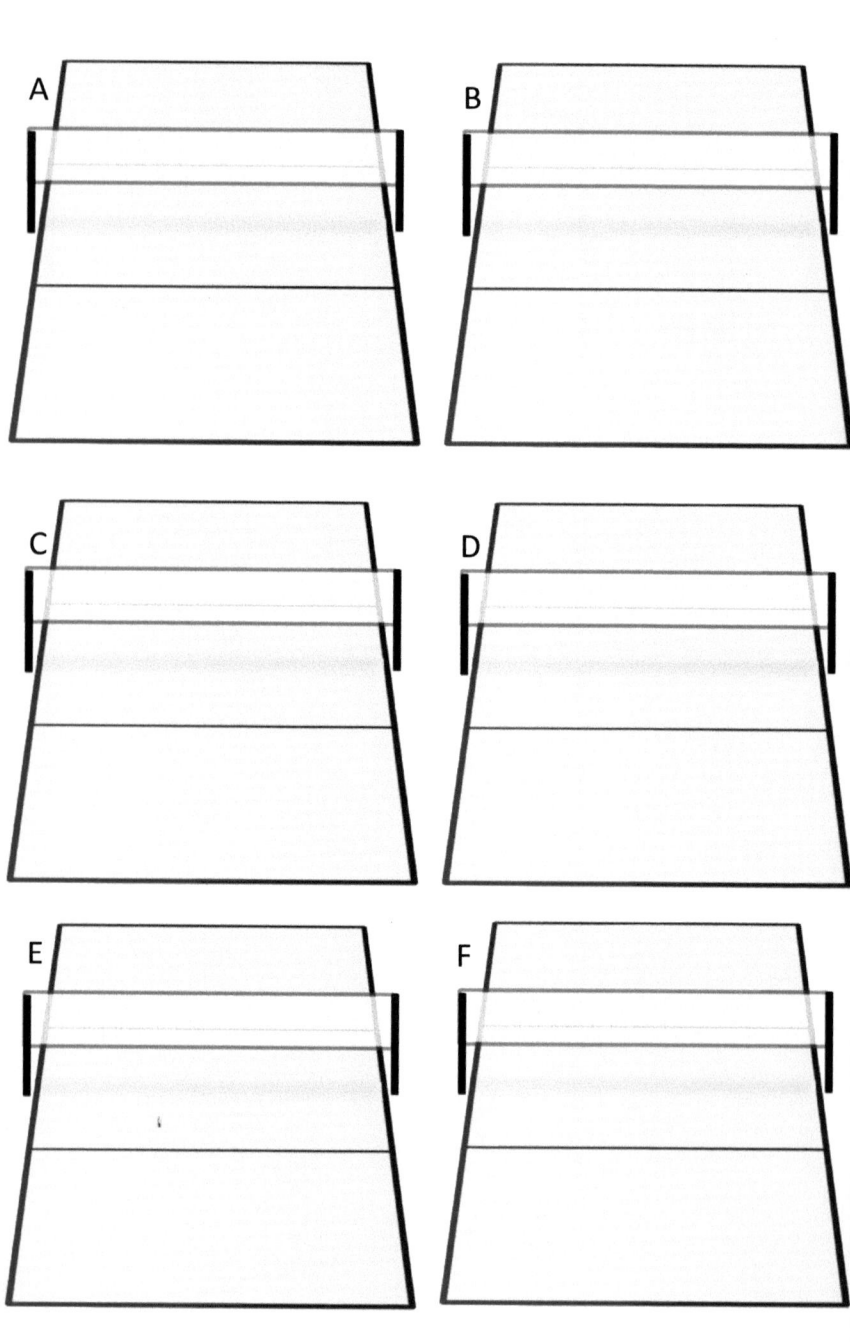

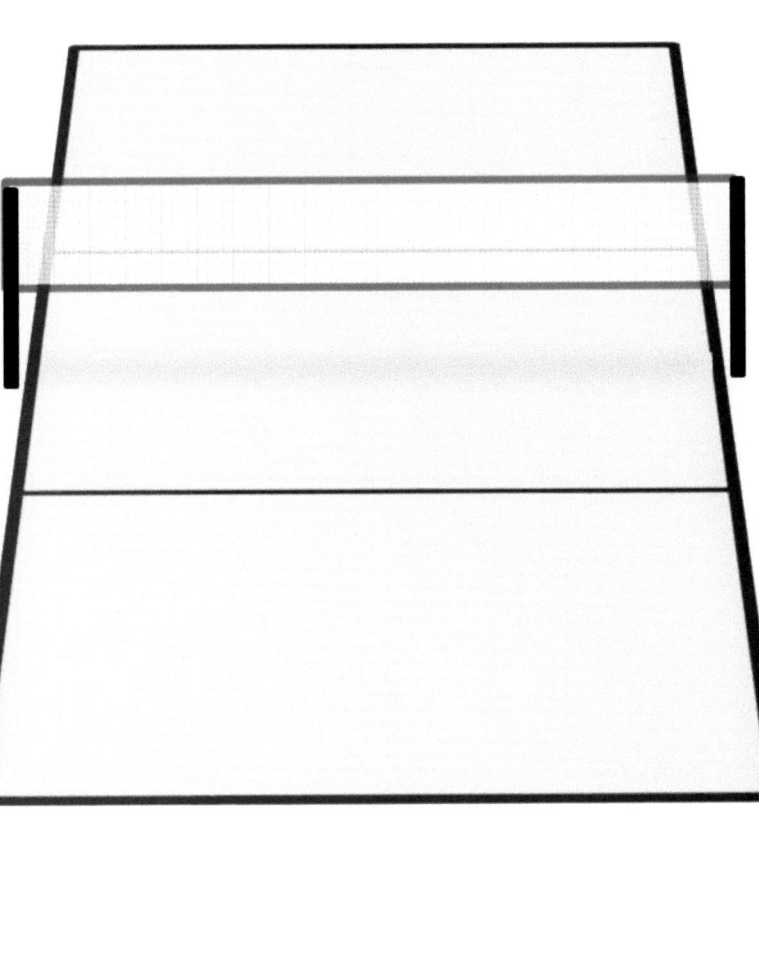

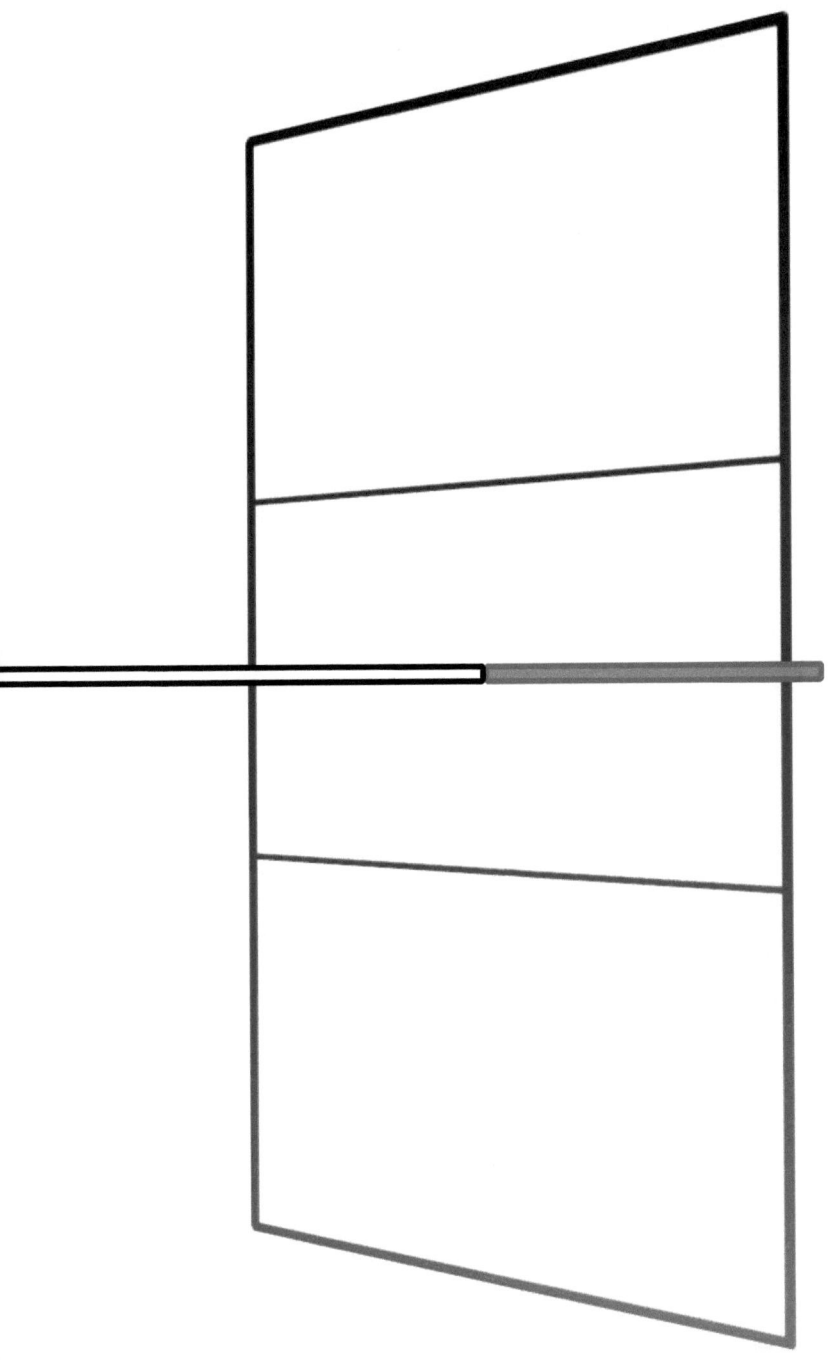

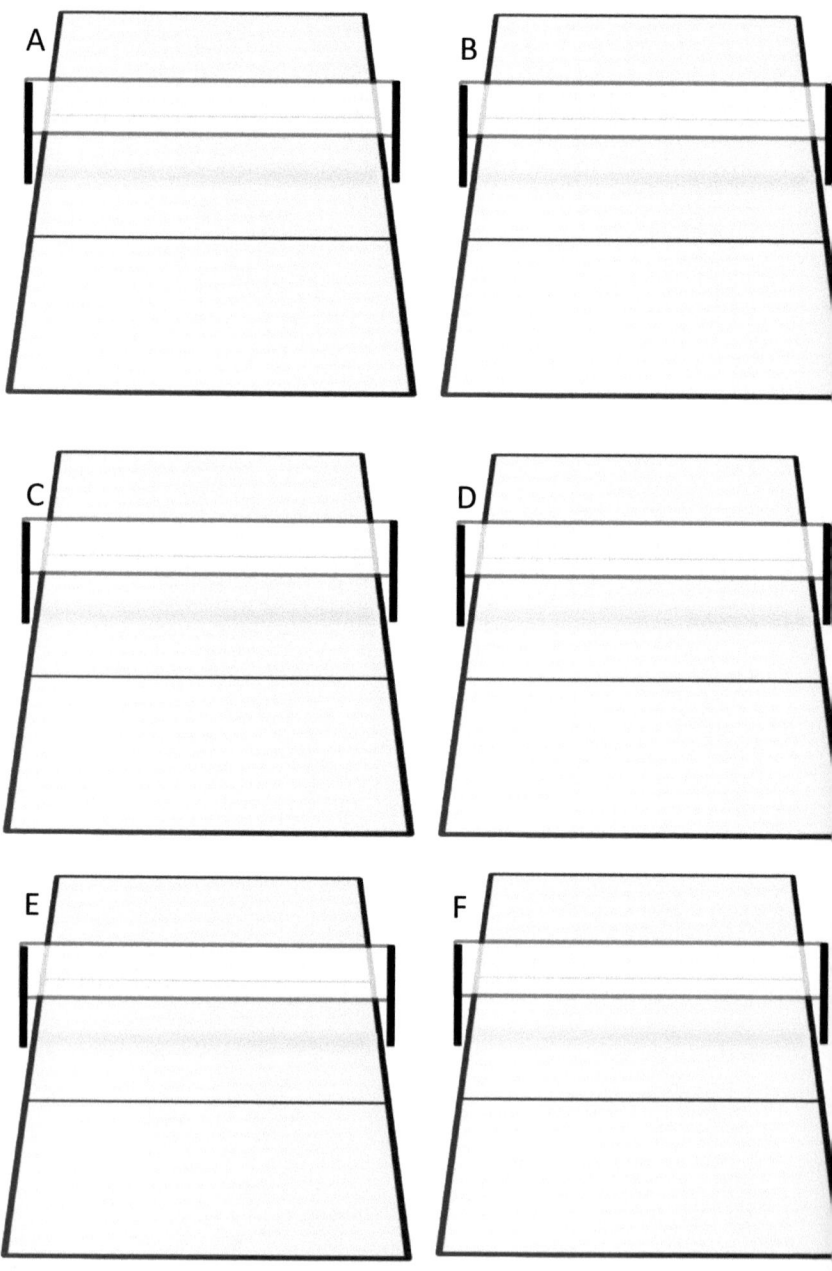

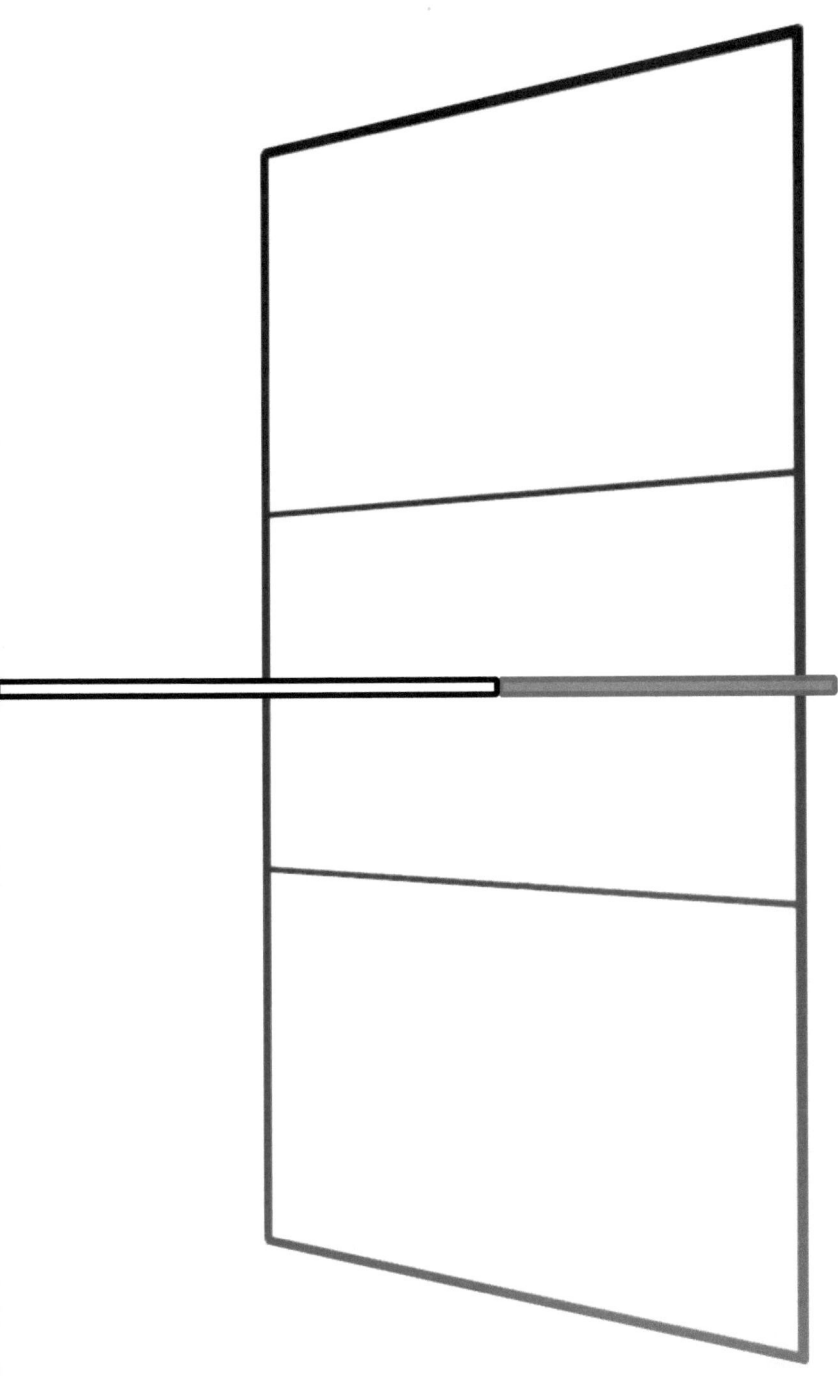

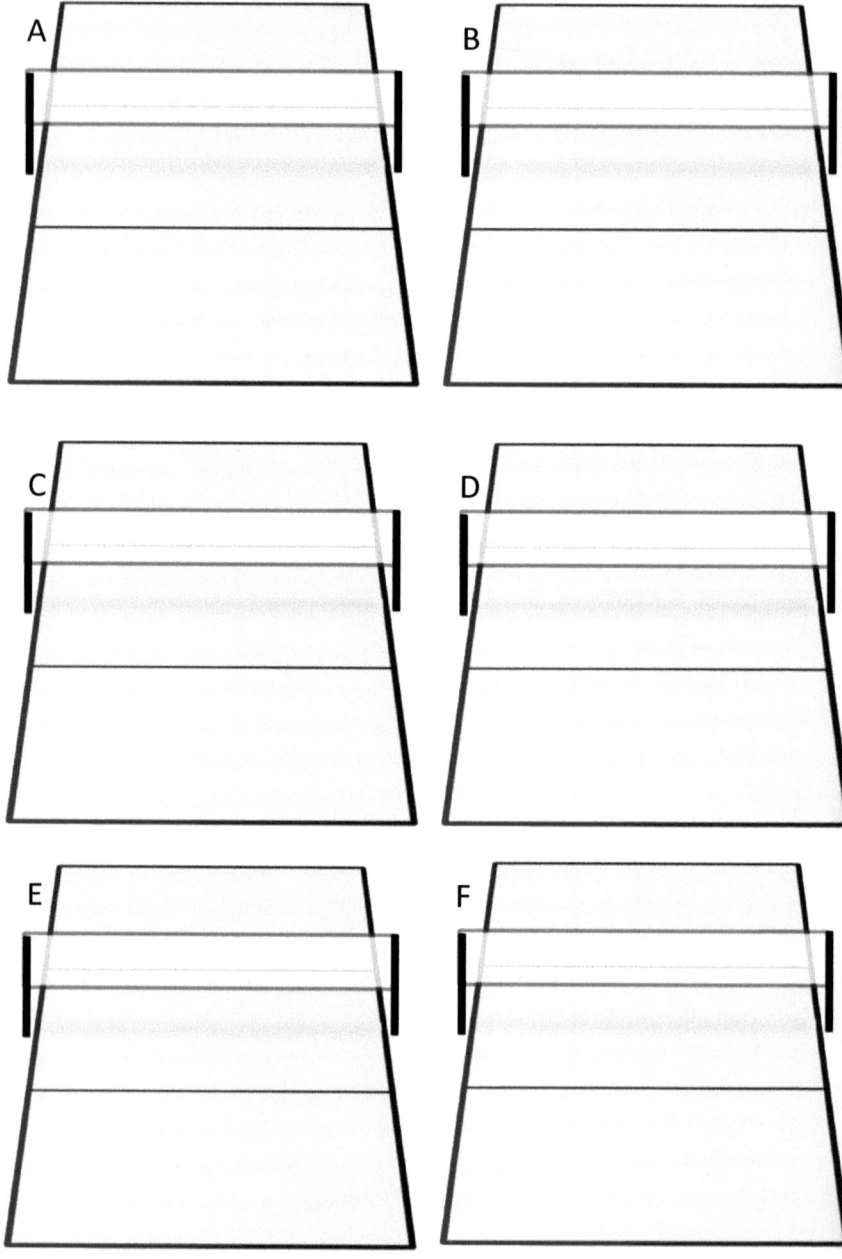

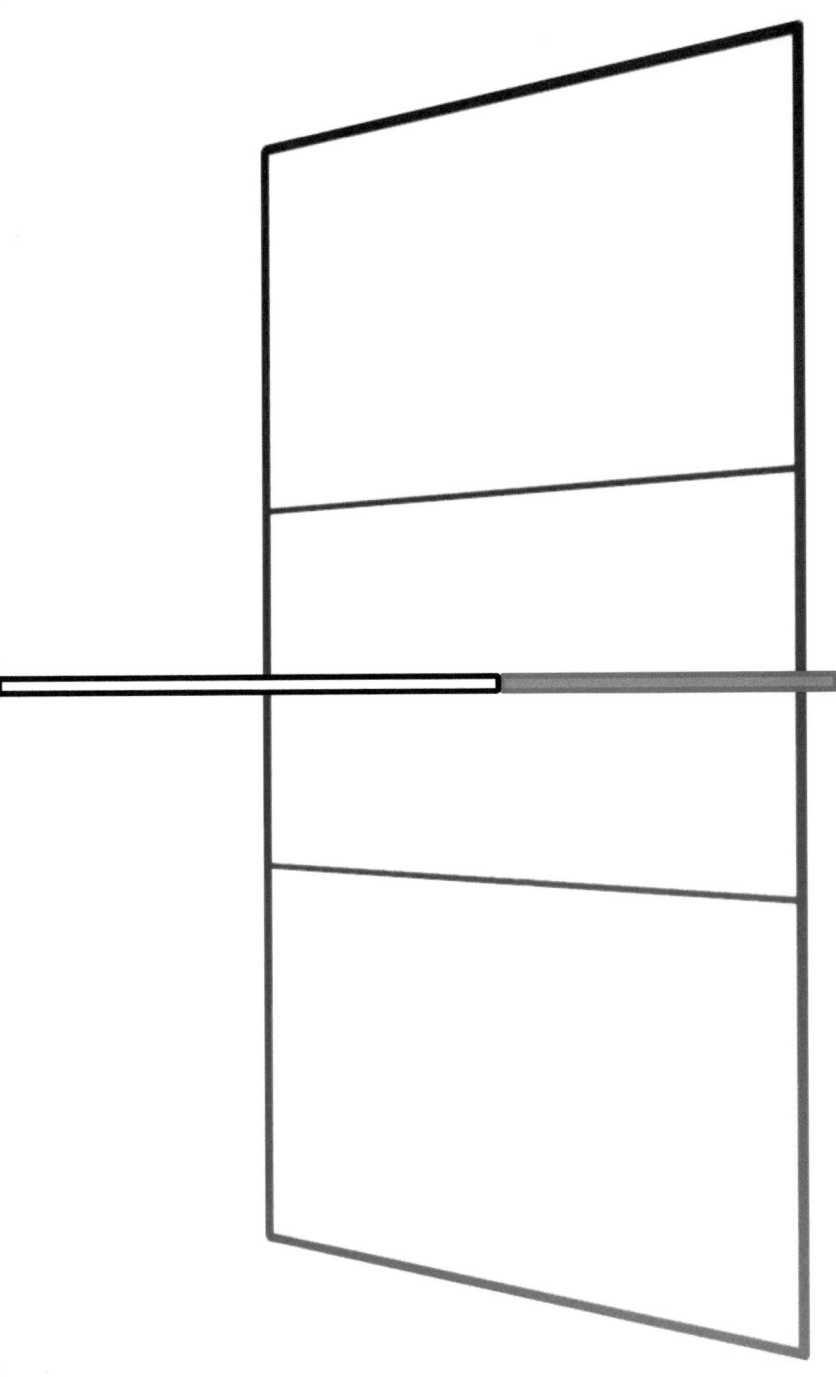

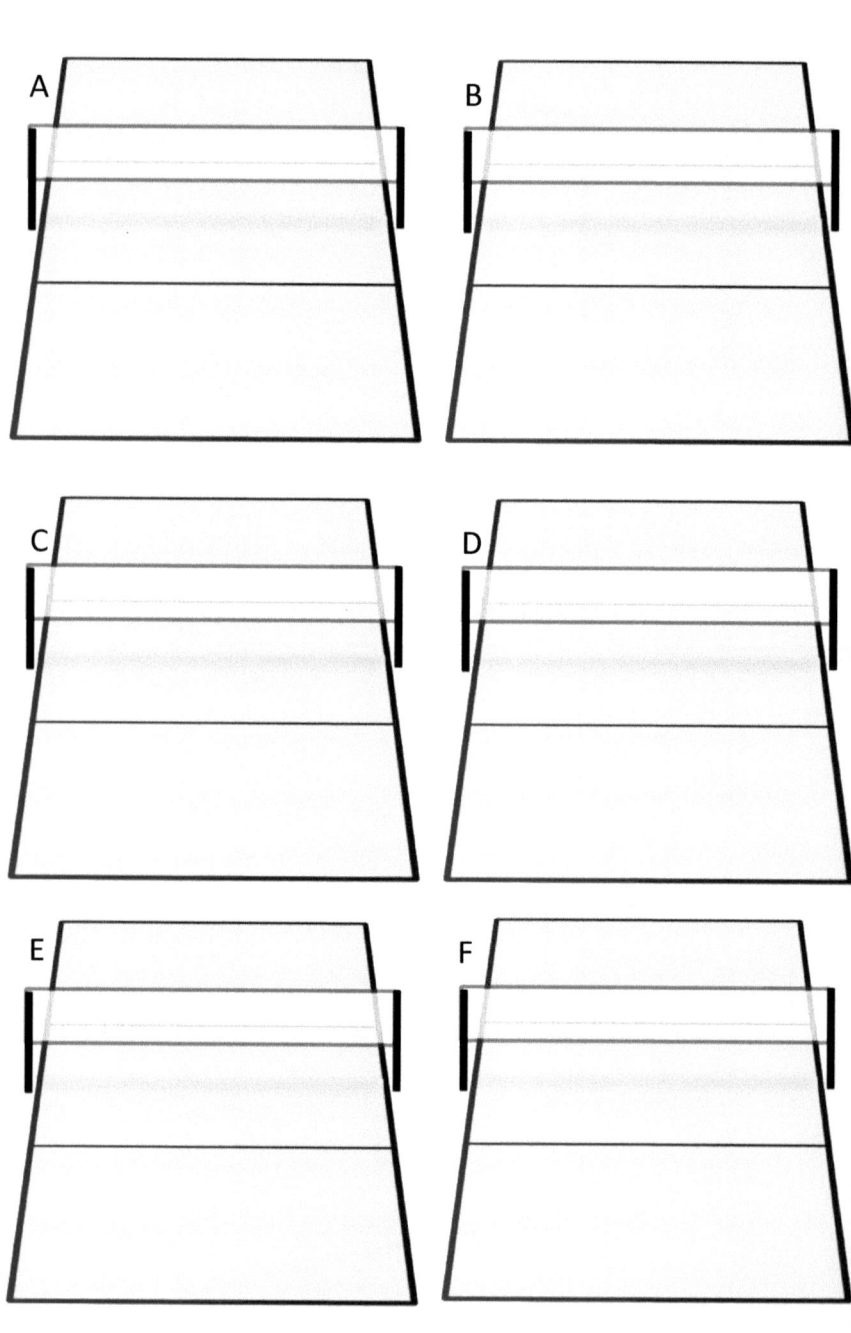

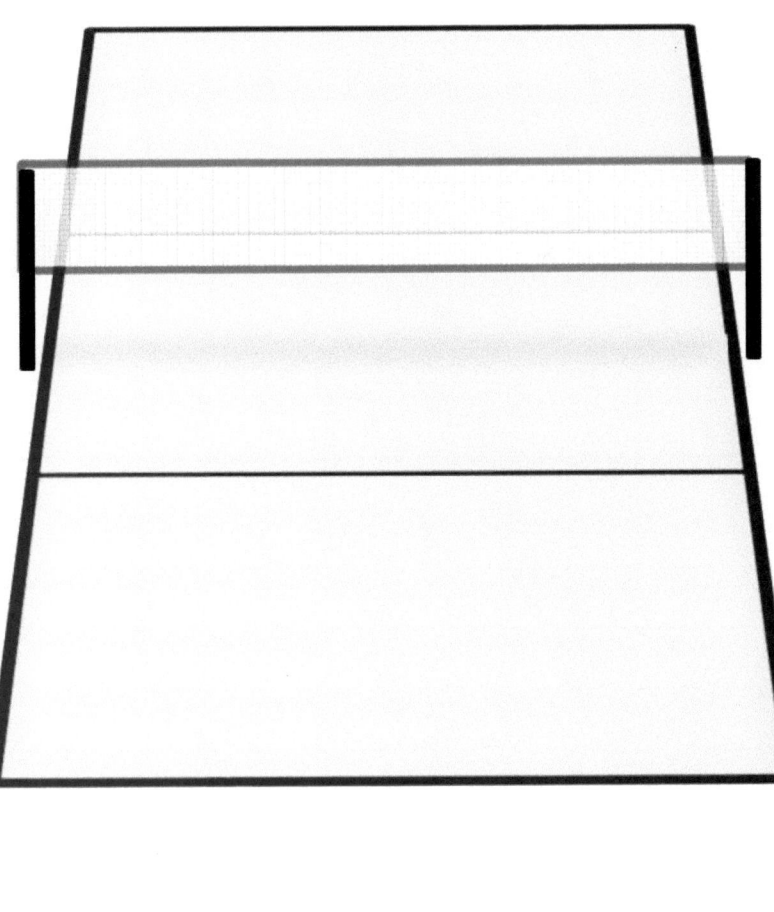

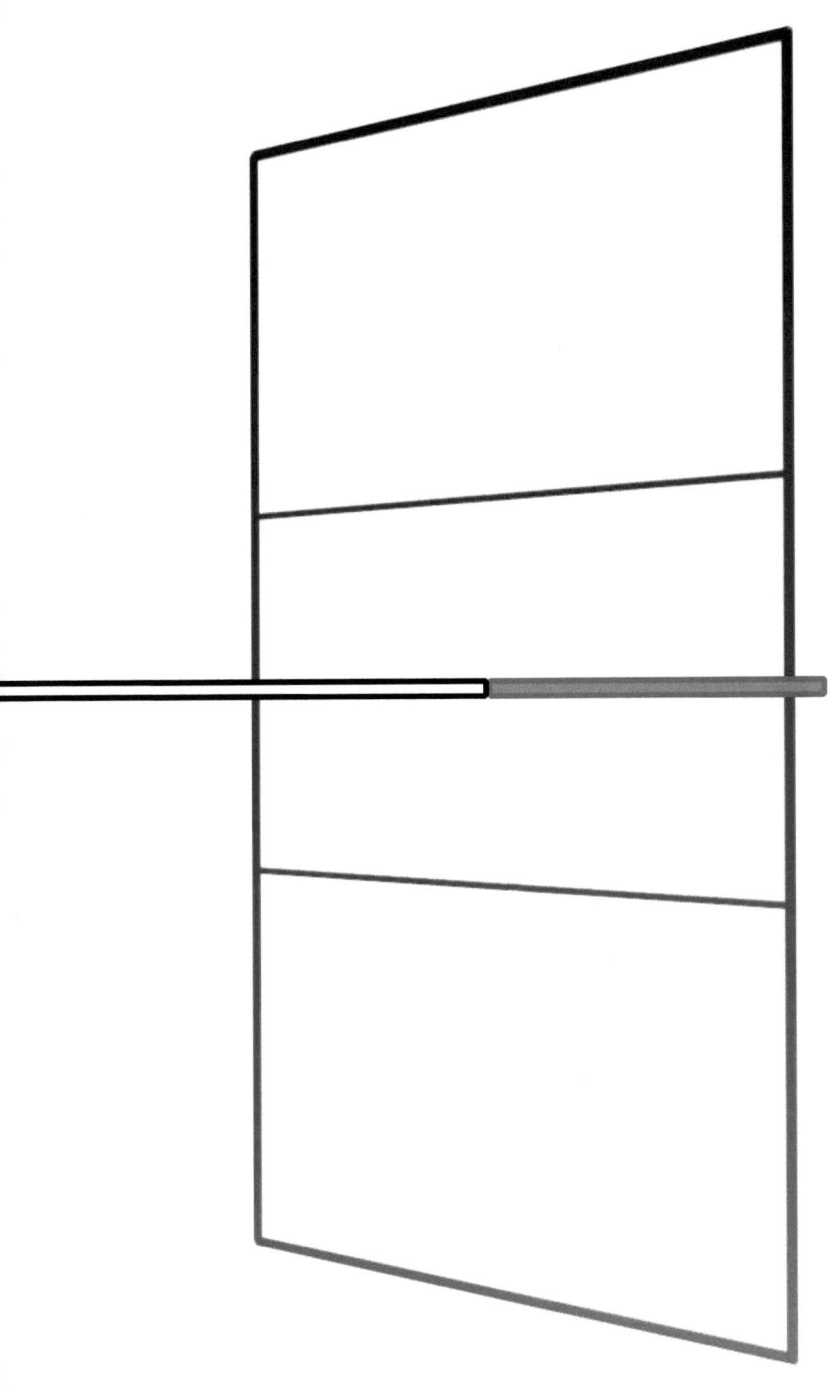

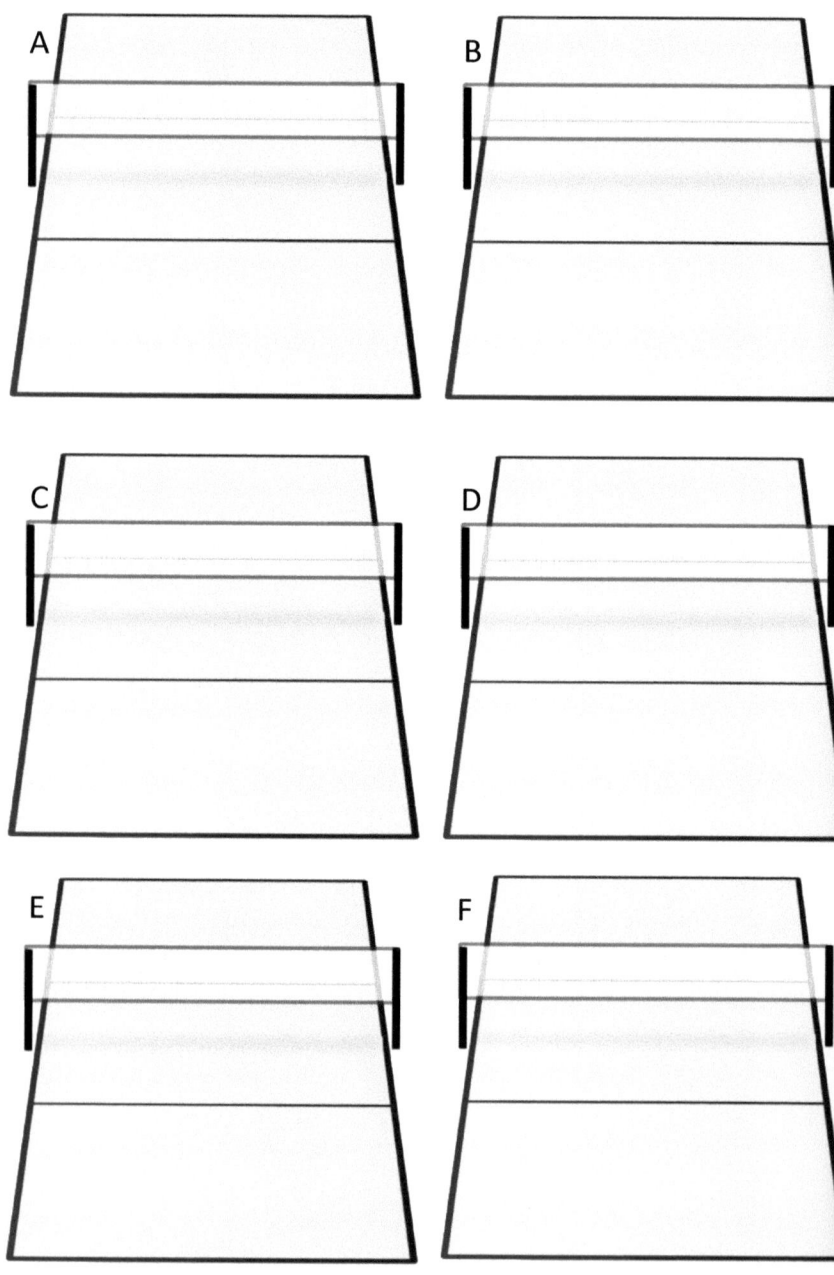

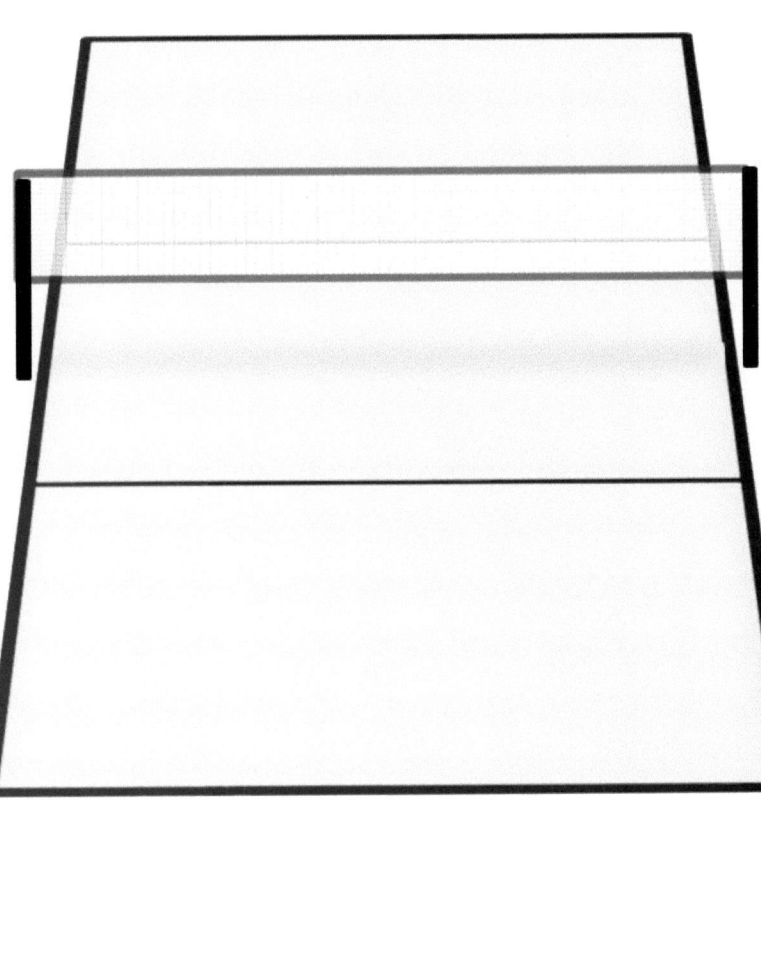

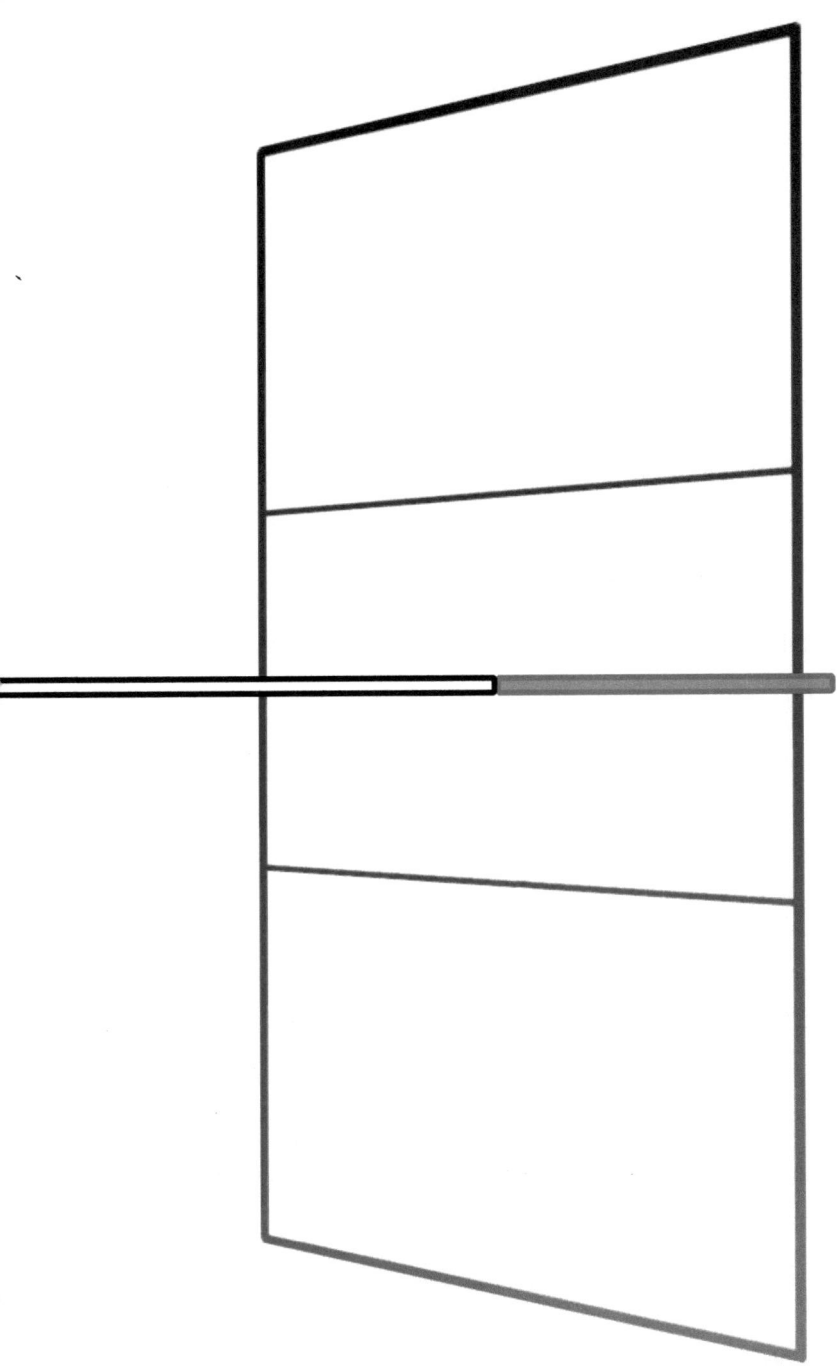

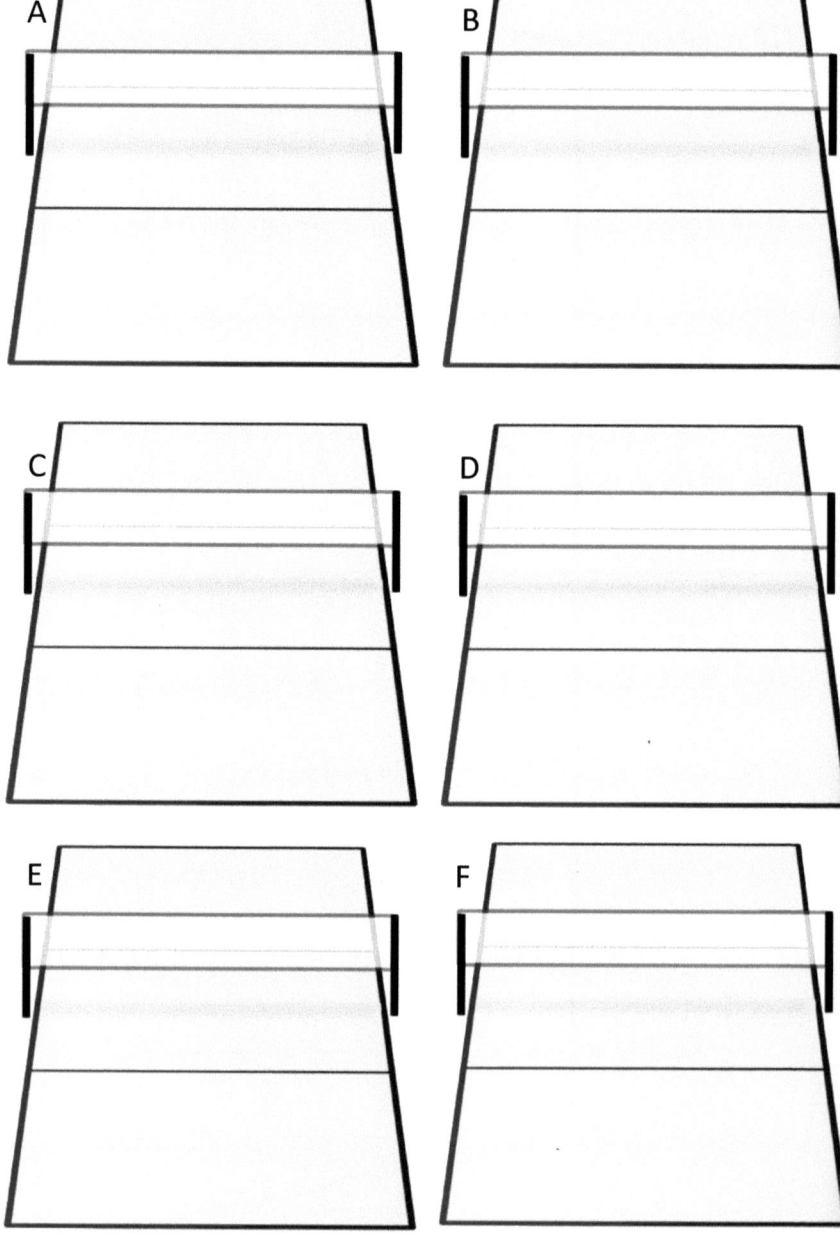

Weitere Bücher von Theo von Taane

- Happy – Wünsch dir was!   ISBN: 9783734728570
- Tennis Witze Knallbonbons   ISBN: 9783732296490
- Tennis Postkarten Kalender   ISBN: 9783734741289
- Witze rund um Volleyball   ISBN: 9783734731801
- Witze rund um Basketball   ISBN: 9783734703824
- Witze rund ums Schwimmen   ISBN: 9783734734460
- Witze rund um Schach   ISBN: 9783734731658
- Witze rund um Tischtennis   ISBN: 9783734731648
- Witze rund um Eishockey   ISBN: 9783734730716
- Witze rund ums Fechten   ISBN: 9783734731976
- Witze rund um Handball   ISBN: 9783734731690
- Witze rund um Badminton   ISBN: 9783734732875
- Witze rund um Karate   ISBN: 9783734731666
- Witze rund um Judo   ISBN: 9783734731674
- Witze rund um Golf   ISBN: 9783734731704
- Witze rund um Fußball   ISBN: 9783734731712

u.s.w.

Von Theo von Taane gibt es auch viele Rätsel-, Witze-, Spiele-, Ausmal- und Notizbücher Bücher zum Thema MINECRAFT.

Des Weiteren bietet Theo von Taane Taktikboard und Trainingsbücher auch zu folgenden Sportarten an:

- Badminton
- Baseball
- Basketball
- Bowling
- Cricket
- Eishockey
- Fechten
- Feldhockey
- Fußball
- Futsal
- Handball
- Lacrosse (w)
- Lacrosse (m)
- Netball
- Rugby
- Schach
- Squash
- Tennis
- Tischtennis
- Volleyball
- Wasserball

u.v.m.
Einfach nach ‚von Taane' im Webshop suchen um sich die mehr als 200 Theo von Taane Bücher anzeigen zu lassen.